MI TRANSICION
Chef Yala

CHEF YALA

Library of Congress Cataloging-in-Publications Data

Mi Transición: Del Patio de Yala a la Cocina de Yala/Chef Yala
1-10159714691

ISBN   978-1-7360335-0-0 (pbk.)

DEDICATORIA

Dedicado a todos los que han sido parte de mi historia, en especial a mi madre, quien sigue aquí conmigo espiritualmente, de quien heredé mi valentía y tenacidad.

Amada Edwards, 'Dios Provee'

Tabla
DE CONTENIDO

¿Qué ha sido lo más grande que te ha pasado en la vida?

Lo más grande que me ha pasado en la vida es la pérdida de mi Madre, tener que continuar adelante, seguir creciendo y superándome sin contar con su apoyo, con su opinión, su aprobación.

Segunda cosa más grande que me ha pasado es ser Chef, servirle a la comunidad, de quien he recibido un apoyo inmenso. Me he convertido en otra persona que, a través de mis pensamientos, he logrado muchas de mis metas.

INTRODUCCION

Creo en Dios y en el poder de la oración, y aunque a veces he cuestionado su voluntad, confío en su tiempo. Creo en el poder de la mente, por eso la he entrenado para enfocarme solo en lo positivo y en el resultado que quiero lograr. Sé que para los obstáculos Dios pondrá sabiduría en mí y me guiaría.

Salmo 121

"Alcanzaré mis manos a los montes ¿De dónde vendrá mi socorro?
Mi socorro viene de Jehová, que hizo los cielos y la tierra.
No dará tus pies al resbaladero, ni se dormirá el que te guarda.
He aquí no se adormecerá, ni dormirá, el que guarda a Israel.
Jehová es tu guardador, Jehová es tu sombra a tu mano derecha.
El sol no te fatigará de día, ni la luna de la noche.
Jehová te guardará de todo mal, Él guardará tu alma.
Jehová guardará tu salida y tu entrada desde ahora y para siempre".

MI PASIÓN
POR LA COCINA

*D*esde muy pequeña me llamaba la atención la cocina. Todos los veranos los pasaba donde mi abuela paterna, Carmelín, en San Cristóbal. 'Mamá', como cariñosamente le decía, tenía un sazón único, su comida tenía un sabor inigualable. Y siempre estaba pendiente de cómo ella preparaba las comidas, cuales ingredientes usaba, cómo la condimentaba, y de sus truquitos de 'viejos' de campo que les dan un gustico diferente a las comidas.

Me encantaba un programa que se llamaba 'La Cocina Gourmet de Eugenia Rojo', que lo transmitían en un canal de República Dominicana. Y recuerdo que una vez le dije a mi abuela que no cocinara, que ese día me diera el dinero a mí de la comida, para yo comprar lo que yo quería cocinar en base a una receta que había visto. Mi abuela se quedó mirándome dudosa, como "Vas a gastar el dinero en inventos", pues no tenía experiencia. Finalmente, mi abuela me dio el dinero, yo preparé la receta y ... no me quedó nada bien. Era pollo pasado por leche y luego se freía. Le di a probar a todos en la casa y a nadie le gustó, ¡a nadie!, pero así es que se aprende.

Yo cocinaba en casa de mis amistades, yo hacía de todo, nunca decía que no, aunque no supiera. Yo le preguntaba a mi abuela: "Mamá, si yo hago esta comida, ¿qué le puedo poner? Yo lo hice de esta manera, ¿Qué le echo? ¿Qué le falta? ¿Qué más tengo que hacer?", y ella me daba unos cuantos 'tips'. Cuando volvía a hacerlo en cualquier otra ocasión, yo ponía en práctica lo que ella me había dicho, y así fui mejorando poco a poco.

También mi tía Pastora, que cocina rico, gourmet, como yo siempre digo. La veía también en los veranos cuando íbamos de vacaciones. Ella preparaba lasañas, pastelones; el de plátano maduro es mi favorito. No me cansaba de que ella hiciera eso, siempre le preguntaba que cuando lo volvería a hacer. ¡Era tan rico! Lo recuerdo como ahora. Tengo la imagen aún, nos sentábamos todos en el comedor cuando ella cocinaba. Yo era feliz con eso, no me importaba que hubiera arroz y habichuela en la mesa. Ella también me ayudó a desarrollar mi arte culinario porque me inspiraban sus platos.

Mi mamá cocinaba riquísimo, con poquitas cosas hacía tremendo banquete y siempre decía que lo importante era ponerle amor a la comida. Yo fui muy ñoña, o sea, muy mañosa para comer, todavía lo soy. La comida tenía que estar linda, porque si no, yo no comía. Siempre tenía anemia y mi mamá se preocupaba por mí, me consentía para que yo comiera. Uno de mis platos favoritos, que siempre le pedía a mi madre que me hiciera, era moro de guandules y canelones rellenos de carne molida y queso Muenster. Cuando mi mamá me hacía eso, yo comía feliz. También el pescado frito, lo sazonaba rico y con mucho amor. Todavía extraño el sazón de mi mamá.

Estas tres mujeres son parte importante de mi vida, de mi historia, y me ayudaron a desarrollar mi amor por la cocina, a desarrollar mi pasión. Ellas son la inspiración de mis platos, por su sabor, la presentación de sus comidas, su consistencia. Yo digo que esto me ayudó a desarrollarme como Chef.

La pasion es la energia. Siente el poder que proviene de centrarse en lo que te emociona.

Oprah Winfrey

YALIN'

*Y*alin' es un apodo, viene de '...ya, linda, ya; ya linda, ya...'. Así me decía mi padre siendo bebé para calmarme cuando lloraba.

Nací en el año 1980, en la ciudad de San Cristóbal, un pequeño pueblo al Sur de la República Dominicana; y me crie en la ciudad de Nueva York. Cuando nací mi papá era una figura pública en ese entonces. Fue de mucha algarabía mi nacimiento. Fui su primogénita, salí en el periódico, fue algo bien emotivo para toda la familia.

Mis padres son dominicanos. Mi papá fue el primer pelotero de San Cristóbal en llegar a grandes ligas en el año 1978. Tuvo la oportunidad de jugar con los Dodgers de Los Angeles, Marineros de Seattle y los Cardenales de San Luis. A nivel local jugó con el equipo del Licey y el Escogido. Actualmente es 'Scout' independiente. Mi mamá fue peluquera desde temprana edad, aunque cuando se conocieron ella trabajaba en el Palacio de Justicia.

Desde pequeña me han gustado los negocios, me gusta interactuar con las personas, me gusta vender, eso me da adrenalina. Cuando iba de vacaciones a la República Dominicana llevaba cosas para vender allá.

A los 17 años, en el 1997, tuve mi primera tienda de ropa, en un local al lado de la casa de mi abuela, se llamaba

'*Teenager Shop*'. Vendía ropa, accesorios, productos para el pelo. Me iba muy bien, pero al ser tan joven como que no apreciaba el dinero, digo yo, porque así como me entraba, lo gastaba. Pero fue una gran experiencia.

En el 2000 tuve otra tienda, se llamaba 'Yala Couture'. Ahí también vendía ropa, y me iba muy bien porque ya tenía mi clientela y a la gente le gustaba mi forma de vestir y las modas que llevaba de aquí de New York.

Al quitar las tiendas, regresé a New York y me establecí nuevamente aquí.

La infancia es el mejor momento de la vida.
No hay preocupaciones.
Solo ganas de jugar.

MI MADRE

Mi madre fue una mujer muy trabajadora, una mujer que siempre salió adelante. Nos crio prácticamente sola a mí y a mis hermanos. Nos trajo a la ciudad de Nueva York cuando yo tenía 5 años. Nacimos en la República Dominicana, menos el pequeño, que nació aquí en Estados Unidos.

Mami era peluquera, tuvo varios salones en New York. Siempre me decía que yo estaba supuesta a ser peluquera, me insistía mucho con eso. Trabajando con ella adquirí conocimientos, aunque no los desarrollé lo suficiente porque no era lo que realmente me gustaba. Lavaba el pelo a los clientes, hacía rolos, limpiaba.

Mi madre fue muy estricta, no nos dejaba estar 'jangueando' en las calles, era en el apartamento o en el salón. Y esa fue la crianza que nos dio. Mami se levantaba temprano todos los días, nos hacía desayuno y los dejaba identificados por nombre: 'Steven', 'Junior', 'Yalin', si teníamos algún familiar de visita, también le hacía su desayuno, y le ponía su nombre, porque éramos muy mañosos y cada cual tenía un gusto diferente. A Junior le gustaba la cebolla, a Steven no, a mí me gustaba de una forma, y así.

Mami fue una mujer muy planificada y organizada. Se ponía metas que la retaban cada día. Muy decidida y fuerte, tanto de carácter como de emociones. 'No puedo' no existía en su vocabulario. Cuidaba mucho su cuerpo, por dentro y por fuera, se alimentaba muy bien.

De ella aprendí a trabajar honradamente, a echar para adelante. Mami no le tenía miedo al trabajo, a tener negocios, asumía sus responsabilidades. Era una mujer 'sí o sí'. Se paraba en una estación de un salón hasta 10 y 12 horas arreglando pelo.

Mi madre me enseno a luchar.

1 AÑO Y 7 MESES

Unca pensé que mi mamá iba a morir, porque era una mujer fuerte, llena de vida, de salud, de energía, no se cansaba. Todos los días se levantaba a trabajar, por su compromiso con ella misma de seguir adelante, de sacarnos a nosotros adelante. Wao, que difícil hacer este capítulo…

Mi mamá se enfermó en el 2010, de la noche a la mañana le dio un dolor en el estómago. En ese momento mi mamá era peluquera todavía, pero trabajaba más independiente. Vivía en Santo Domingo, o sea, estaba prácticamente retirada, pero venía a New York, duraba unos meses trabajando y se iba.

Para esa fecha ella estaba trabajando aquí en New York y yo estaba fuera del país. Un día mi tía me llamó para decirme que mami estaba en el hospital Lincoln, que tenía un dolor, posiblemente apendicitis. Al otro día le compré los pasajes a mis hermanos, porque uno estaba en Florida y otro en Atlanta, y nos juntamos en el hospital Lincoln. Cuando llegamos, mi mamá estaba entubada, pero consciente, le estaban succionando algo del estómago. Fue muy impactante para mí porque, como he mencionado, era una mujer que gozaba de salud, una mujer que no se enfermaba para nada y comía muy saludable.

Mis hermanos duraron aquí 3 o 4 días, yo me quedé con ella. Duramos 26 días en este hospital mientras le hacían diferentes estudios. Le hicieron un 'CAT scan' y le encontraron una masa obstruyendo su intestino grueso. Luego una biopsia donde se veían unas manchas en el hígado. Mi mamá permanecía interna, en ese tiempo estuvimos esperando resultados. Cuando el doctor entró a la habitación con los resultados le preguntó a mami si yo podía estar presente, a lo que mi mamá respondió que sí. Dijo que lo que le habían encontrado era maligno... yo me quedé en el aire, mi mamá en ese momento dice: "¡Ay, gracias a Dios, yo sabía que era benigno!", y el doctor le dijo: "No. Es maligno". Nos quedamos en shock.

La desahuciaron. Nos dijeron que no podían hacer nada más en ese hospital, que nos iban a dar de alta, porque tenía cáncer en dos partes: En el colon, con metástasis en el hígado, en etapa 4, casi en fase final. Yo miraba a mami y me preguntaba: "Cómo que en fase final, si esta mujer se ve tan bien, su semblante, su cuerpo, su físico, se ve completamente en salud". Yo estaba incrédula. Los doctores decían una cosa, pero para mí, o sea, lo que yo estaba mirando era algo totalmente diferente.

Nos dieron de alta al otro día. Mi tía Mélida, su hermana, nos dice que fuéramos para su casa, para estar en familia, porque esto era algo que debíamos sobrepasarlo juntos, pensando que iba a ser algo fácil y rápido, pues era algo nuevo para todos, una experiencia que en mi familia no se había vivido. Así lo hicimos, nos mudamos las dos en casa de mi tía y empezamos con este reto.

Nos habían referido al piso M del hospital Bellevue.

Estando allá, vemos que en el directorio del hospital dice: "Piso M, Cáncer Center". Mi mamá y yo nos miramos asombradas, ya que ella se había hecho una colonoscopía hacía poco más de un año en un centro privado de New York y le había salido todo bien, su próxima cita era en 3 años, por eso era más el asombro. Cuando llegamos al piso M, vemos a todas estas personas con un semblante enfermizo, con los rasgos típicos de un enfermo de cáncer, sin pelo, pálido, delgado. Mi mamá y yo no salíamos del asombro, ni hablábamos, aceptando que esta era la realidad, como "Wao, esto es lo que nos toca, esto es lo que vamos a vivir, esto que estamos mirando". Ese día casi no hablamos.

Estando en el Cáncer Center uno de los doctores dijo que la iba a operar, que no iba a ser fácil, pero que él iba a hacer lo posible por remover el tumor que obstruía su intestino y que luego iniciarían con las quimioterapias. Esa fue la mejor noticia que pude escuchar.

Yo estaba sola en el hospital el día de la operación, muy nerviosa y ansiosa. Fue una operación larga, yo subía, bajaba, preguntaba si había salido, salía al patio del hospital; era una angustia muy grande, orando y orando "Dios mío, mi mamá va a estar bien, mi mamá va a estar bien". Al terminar la operación, el doctor dijo que había sido un éxito, que pudo sacar el tumor, cortar toda la parte afectada y unir nuevamente el intestino. Se suponía que sus intestinos volvieran a funcionar sin problema. Yo abracé fuerte al doctor, tratando de transmitirle mi agradecimiento.

La primera noche después de la operación estuvo en cuidados intensivos, luego la pasaron a una habitación normal. Al despertar tenía mucho dolor y estaba intranquila. Ese día mami lloró, nunca la había visto llorar. Puse alabanzas para orar y calmarla. Recuerdo que estábamos en un piso alto, había llovido y el día estaba gris. Yo miraba al cielo y preguntaba "Dios mío, ¿hasta cuándo va a ser esto?" Yo quería despertar un día y que milagrosamente mami estuviera bien, como si nada le hubiera pasado.

Luego de la operación empezaron un tratamiento de quimioterapias en pastillas, que prácticamente no le hacían ningún efecto, no se le cayó el pelo, era un tratamiento que pensamos 'Wao, si esto va a ser así, no será algo traumático'; pero en realidad, luego que tuvimos conocimiento, era el principio de todo. Si el paciente no tenía ninguna reacción o si el medicamento no le hacía ningún efecto, entonces iniciaban las quimioterapias intravenosas. Y, efectivamente, empezaron con las quimioterapias intravenosas. Luego de un tiempo nos tuvimos que mudar de la casa de mi tía porque ella quería tener su espacio, realmente no estaba tan bien de salud. Nos mudamos a un apartamento de una habitación y yo dormía en la sala, pues era lo que podíamos pagar en ese momento. No teníamos prácticamente nada, solo habíamos comprado un colchón y lo fuimos amueblando poco a poco. Nos regalaron un televisor pequeñito y una silla, sobre la cual teníamos la televisión. Recuerdo que pinté una pared de la cocina de rojo y compré una colcha y unas sábanas rojas porque había escuchado a mi mamá decir que el rojo le daba vida.

Las quimioterapias se la daban en el hospital Bellevue, pero le habían puesto un 'port' para continuar el tratamiento en la casa con una enfermera. En esos 3 o 4 días perdía el gusto, le daba fiebre, vómitos, se le empezó a caer el pelo, tenía llagas en la boca, no podía tragar. Eran los peores días.

En total fueron 21 quimioterapias. Yo estuve con ella todo el tiempo, porque mis hermanos vivían fuera del Estado, aunque siempre nos manteníamos en comunicación. Fueron días fuertes, mi mamá aplicaba 'SSI', cogía cupones de alimentos, yo también tuve que coger cupones, porque vivíamos en una situación muy precaria, yo era su 'care giving' y no podía trabajar. Ella me decía: "No te preocupes, hija, que Dios provee", eso siempre me lo decía: "Dios provee". Y era así, nosotras podíamos no tener nada y de un momento a otro resolvíamos. Intenté trabajar 2 veces, pero cuando mami se ponía mala, tenía que salir corriendo de los trabajos, llamar la ambulancia desde donde yo estaba ubicada para después yo ir en tren al hospital que ella estuviera.

En una ocasión que yo estaba trabajando, sentí una corazonada cuando me sonó el teléfono. Cuando lo tomé, escuché: "Hija, estoy mala". Yo miré a mi alrededor y solo vi la puerta. "Yo tengo que irme, tengo que irme". Mi jefa me preguntó qué pasaba al ver mi cara, y yo solo decía "mi mamá está mala, mi mamá está mala". Yo tuve que llamar una ambulancia para que la buscara al apartamento y luego llamé a una amiga de mi mamá para que estuviera ahí cuando la ambulancia se la llevara, para yo saber en cual hospital ella iba a estar, pues yo estaba a dos horas de la casa. Yo iba orando y orando, para que cuando yo saliera del tren mi mamá estuviera bien. Era una agonía, una desesperación, porque nunca había pasado una situación así, y mucho menos pensé pasarla con mi mamá.

Tuvieron que operarla nuevamente para ponerle el 'port'. Otra vez en el hospital, otra operación, otra vez en cuidados intensivos, otra vez yo sola y nerviosa.

Y así, poco a poco mi mamá fue deteriorándose, entre internamientos y transfusiones de sangre. En todo eso yo estuve ahí, mi día a día estaba en un hospital, sentada con ella hasta 10 horas. Solo iba a la casa porque no me dejaban dormir allá, pero al otro día volvía, volvía, volvía.

Ese día no me sentía bien, me había llegado el periodo menstrual sin esperarlo y tenía mucho dolor. No había dormido nada en dos días, amaneciendo en una silla y con mucho frío. Yo estaba esperando que alguien fuera a ver a mi madre para que se quedara con ella un rato y yo poder ir a la casa. Necesitaba descansar, necesitaba un relevo, alguien que me dijera: "Yo me voy a quedar con ella, vete para la casa".

Recuerdo que era domingo y mi tía fue y se quedó con ella. Yo decía: "Dios mío, si alguien no viene yo creo que a mí me van a tener que internar". Cuando llegué a la casa me dormí hasta el otro día. Al despertar me fui de una vez para el hospital, porque sentía remordimiento por haberme ido. Eran muchos sentimientos encontrados.

Le dieron de alta nuevamente y regresamos a la casa. Ella tenía mucha fe de que iba a sanar. Ella no soportaba los olores, le daban nauseas, si alguien la quería visitar yo le pedía que no usara perfumes. Siempre tenía bolsitas de café cerca de ella.

Yo busqué a mi sobrina, su primera nieta, para que estuviera con nosotras porque mi mamá siempre fue muy apegada a ella, también a su segundo nieto, para que se animara y pasara tiempo con ellos, pero cada día se deterioraba más, no tenía fuerza ni energía. Yo me había descuidado mucho, y ella me decía: "Vete a un salón para que te laves la cabeza", porque ella quería arreglarme el pelo, pero no podía y no le gustaba verme 'fea'. Me decía: "Si tú no vas, eso me pone a mí peor".

Mi mamá sabía que ella no estaba bien, un día me hizo el comentario de que a ella le mandaban correspondencias del cementerio para que ella se fuera preparando, lo cual me molestó mucho. El sistema de este país acaba con las personas y con sus ganas de vivir, te quitan las esperanzas. No importa que sean médicos y que 'sepan' lo que va a pasar, la decisión es de Dios. Un paciente luchando por su vida, con fe y optimismo, y ellos enviando correspondencias de ataúdes y cementerios.

Para el 24 de diciembre mami estaba interna. Ese día lloré mucho y quería agradar a mami con algo. Fui a un restaurante cerca del hospital y le pedí a la 'manager' que me prepararan una comida ligera, con poco condimento, le expliqué que era para mi mamá, que estaba interna y quería almorzar con ella como si fuera una cena navideña, ya que ella no iba a estar en la casa. Cuando entré a la habitación, ella estaba acostada en su cama. Le acerqué la mesita y puse la comida ahí. Ella hizo todo el esfuerzo por comer un poquito, y esa fue nuestra 'cena' de Navidad. Fue nuestra última Navidad juntas.

Le dieron de alta a los 3 días y la próxima cita era para el 5 de enero de 2012. Yo estaba muy desesperada y ansiosa por volver, quería saber si el tratamiento estaba funcionando porque ya le habían dado 21 quimioterapias, o sea, ¿Qué ha pasado? ¿Se mejoró? ¿Ya superó eso?

Llegó el día de la cita, y la doctora nos espera con la temible respuesta de que el tratamiento no había funcionado, que había que continuarlo, pero ya mi mamá tenía la bilirrubina alta, el estómago inflamado, y su cara y sus ojos estaban amarillentos. Mi mamá lo tomó con mucha tranquilidad, le dijo a la doctora que ya sabía que el hígado era vital para que las quimios hicieran efecto y que no quería más tratamiento ni ningún otro método, que no quería que experimentaran más con su cuerpo. Recuerdo sus palabras como ahora. Yo me puse a llorar, pero mi mamá no, mi mamá le dijo: "Ella llora, pero yo no", y aplaudió diciendo: "Yo me voy con mi Cristo". Mirando al techo decía que ella se iba con Dios y que estaba feliz.

La doctora le recomendó ir al Calvary Hospital, un lugar para personas con cáncer muy avanzado o con alguna enfermedad terminal, pero mi mama todavía caminaba, hablaba y estaba en su pleno juicio.

Cuando terminamos la consulta, mami salió hacia el 'ambulette' y yo le dije que iba al baño, pero mentira, entré al consultorio de la doctora, y le digo: "¿qué es lo que usted me está hablando a mí del Calvary? ¿qué está pasando?" Ella me dice: "A tu mamá le quedan como dos semanas de vida", yo dije: "¿qué?, pero usted debe estar loca", ella me dijo: "Por los exámenes que le han hecho y los resultados que tenemos, a ella le quedan como dos semanas de vida, pero el último que tiene la palabra es Dios".

Yo me quería volver loca, pero no podía llorar, a mami no le gustaba que uno llorara, no le gustaba que la miraran con cara de pena, ella decía: "Ay no, no, no, a mí no me mire así, que yo no me he muerto". Tenía que hacerme la fuerte, pero mi mamá sabía cuando me daban malas noticias, porque los ojos se me hundían, era el sufrimiento que me estaba acabando por dentro. Y la verdad es que la única opción que tenía era seguir adelante, no tenía tiempo para llorar ni deprimirme porque tenía que darle ánimo a ella y estar positiva para no darle poder a eso que estaba pasando.

Cuando llegamos a la casa, la dejé a ella y fui a buscar los medicamentos que le habían indicado. Camino a la farmacia empecé a llorar y a llorar, a desahogarme. Llamé a mis hermanos: "Mami está muy mal, la doctora me dijo que le quedan dos semanas. Yo no sé si eso es verdad o mentira, pero si ustedes quieren ver a mami con vida, quieren tener tiempo de calidad con ella, este es el momento de ustedes venir". Yo no quería que vinieran manejando, para no tener la preocupación de que estarían tantas horas en carretera. Ya era demasiado lo que estaba pasando.

Yo tenía alarmas a todas horas para estar pendiente de sus medicamentos, no importaba la hora, yo no dormía, yo vivía pendiente a ella. Si mi mamá tosía, yo me tiraba rápido de la cama, "¿estás bien mami?". A veces me decía: "Claro que yo estoy bien, la que me despertaste fuiste tú". Si la veía durmiendo muy tranquila me le acercaba a ver si estaba respirando. Era una agonía, yo no sabía lo que iba a pasar, yo estaba en manos de Dios, confiando que ella iba a estar bien.

El 15 de enero fue su cumpleaños. Fueron algunas amistades y pasamos ese día escuchando alabanzas, dándole muchas gracias a Dios, y yo diciéndole: "¿tú ves mami, que Dios es el que tiene la última palabra? Mírate aquí en tu cumpleaños, quien lo diría, mira como tú estás aquí".

7 días después era mi cumpleaños. A mami le gustaba verme linda, y para mi cumpleaños ella siempre me desrizaba y me arreglaba el pelo. En esa semana ella dijo: "Ven para arreglarte, que es tu cumpleaños", pero yo sabía que ella no se sentía bien, estaba muy sofocada y con los pies hinchados. Cuando ella me empezó a desrizar, me dijo: "Yo no voy a poder, mija", eso fue lo más grande que yo pude escuchar "Yo no voy a poder mija".

El día de mi cumpleaños ella me pidió que le hiciera un locrio de pollo, me dijo: "Ay mija hazme un 'locrito' de pollo bien rico, como tú lo haces". Ella se sentó en la cocina mientras yo lo estaba preparando, mirando cada detalle de la cocina, de la sala, salió al pasillo del edificio con su *'walker'*, caminando despacio y mirando todo tranquilamente, como si estuviera despidiéndose del mundo. Así lo interpreté.

Como a las 2 de la mañana, ella fue a mi cama y me dice: "Mija, vámonos para el hospital, que no me siento bien". Esa fue la única vez que ella me despertó para que la llevara al hospital, y esperó que pasara mi cumpleaños, digo yo, para que yo no lo tuviera grabado como un día amargo para mí. Yo me paré de la cama nerviosa y marqué al 911 para pedir la ambulancia. Ya ella se había cambiado y estaba sentada en el mueble, con su cartera al lado y el oxígeno puesto. Los paramédicos se sorprendieron cuando la vieron, ella bajó los cuatro pisos caminando, no dejó que la subieran en la camilla ni nada.

Cuando llegamos al hospital, tuvieron que hacerle una mini cirugía, porque no le encontraban las venas y había que medicarla. Ella se desesperó tanto durante el procedimiento que me dejaron entrar, porque ella me quería ver, estaba muy inquieta. Ese día, 23 de enero, la ingresaron en cuidados intensivos porque sus signos vitales estaban muy bajitos. Yo llamé a mi tía y a una amiga de ella, también llamé a sus hermanas de la iglesia para que vinieran a orar por ella.

Esa noche nos tuvimos que ir, porque no dejaban amanecer a nadie en cuidados intensivos. Al otro día yo fui tempranito, cuando ella me ve, me dice: "Ay, mija, tú andas con un perrito, ya no le tienes miedo". Estaba hablando muchas cosas sin coherencia. Yo le tengo fobia a los perros y a los gatos, además soy alérgica. Cuando mi mamá me dijo eso me quedé confusa, como: "¿qué estará pasando?".

Los doctores me estaban esperando para decirme que la iban a sacar de cuidados intensivos. O sea, no la iban a sacar de allí porque estuviera bien, sino porque no podían hacer más nada por ella. Me dijeron que ella había firmado unos documentos para que no la conectaran a ningún respirador artificial, porque si era por mí yo iba a decir que sí, que la conectaran. Y es verdad, imagínate, no voy a decir "está bien, déjenla morir", vas a querer que hagan hasta lo imposible con tal de que ella siga con vida.

Cuando entré otra vez a la habitación, me dice: "Ay, mija, te dijeron algo malo ¿te dieron malas noticias? Yo lo puedo ver en tus ojos, que no te dieron buenas noticias".

La subieron a un piso regular. Yo llamé a mi tía para que fuera, necesitaba hablar con alguien. Cuando mi tía llegó, me desplomé a llorar, ya no aguantaba más, mi mamá se estaba saliendo de mis manos.

Yo no dormía, no comía, ese día mi tía le dijo a una de mis primas que se quedara con mami, que yo necesitaba descansar. Dijo: "esa muchacha no aguanta, esa muchacha se va a morir", refiriéndose a mí. Yo tenía un sufrimiento indescriptible, un sufrimiento interno, que lo llevaba por dentro y tenía que vivirlo, y hacerme la fuerte para ayudar a mi mamá en lo que ella necesitara.

Hablé con una trabajadora social para que la cambiara

de piso, porque no me gustaba como las enfermeras trataban a los pacientes, no tenían paciencia y a veces ni les hacían caso. Ella me recomendó otro piso en ese mismo hospital, que es para personas que ya están en sus últimos días de vida. Yo no quiero eso, claro que no, pero ella me dijo: "Ahí va a estar más cómoda y va a tener una atención más personalizada. Los familiares pueden estar ahí, tiene hasta un sofá cama donde puedes dormir, o sea, van a estar más cómodas las dos".

Mami estaba súper intranquila, quería ir al baño, quería acostarse, quería levantarse, "súbeme, bájame, ponme a caminar", yo nunca la había visto así. La enfermera le tuvo que poner un sedante para relajarla porque ya había gastado mucha energía. Las últimas palabras que mami dijo fueron: "Mis tres hijos, mis tres hijos...", y ahí se quedó dormida. Creo que en ese momento nos estaba encomendando a Dios.

Ese mismo día, ese mismo jueves, los doctores me dijeron que fuera buscando una funeraria, yo dije: "¿cómo que buscando una funeraria?", y me entregaron unos papeles, yo pensé: "¡esta gente se estará volviendo loca! ¿de qué funeraria me están hablando ellos?" Yo estuve de acuerdo con bajarla para ese piso porque la trabajadora social me lo recomendó por la comodidad y la atención que iba a tener y que no necesariamente porque estuviera en ese piso se iba a morir, sino que era más delicado el trato. Yo accedí a mover a mami por comodidad, por calidad de atención, no porque ella se iba a morir, porque yo no tenía eso en mi mente.

Siete de la mañana del día siguiente. Estoy a la espera de que mami se despierte para darle el desayuno, pero la veo en la misma posición en la que se había dormido. Pasan las nueve, las diez de la mañana, llega una amiga de ella y me toca el hombro, me espanté y le digo: "Ay, aquí esperando que mami se despierte para darle el desayuno", pero mami siguió durmiendo todo el día. Los doctores decían que era normal, que ella estaba descendiendo. No hablaba, no se movía. Con los ojos sí, ella me hablaba con la mirada.

Llamé a mis hermanos, ellos tenían como dos semanas que se habían ido, y les expliqué la gravedad de lo que estaba pasando. El sábado llegaron mis hermanos con sus esposas e hijos. Le pedí a las personas que estaban ahí que nos dieran un momento para estar a solas con mami. Le dije: "Mami, aquí estamos nosotros, tus tres hijos, como tú dijiste. Mami, te necesitamos". Yo siempre me mantuve positiva, como si no estuviera pasando nada, de que ella se iba a mejorar y se iba a parar. Eso era lo que yo tenía en mi mente, aunque físicamente ya ella no se veía nada bien.

Desde el jueves a las nueve de la noche mami no decía ni una palabra. El domingo en la mañana entraron dos enfermeras para bañarla, una de ellas era afroamericana, nunca la había visto en el piso. Yo me quedé ahí, porque yo sé que a mami le dolía y no podía hablar. Yo siempre estaba al lado de ella y le agarraba la mano "Mami yo estoy aquí… no le hagan tan duro…, a ella le duele". Yo era como su voz, ella me miraba y yo sabía lo que me quería decir, nos comunicábamos con la mirada. La enfermera afroamericana regresó como a la media hora y me preguntó si podía orar por mi mamá. Y empezó a orar, mami reaccionó, se empezó a mover en la cama. Cuando la enfermera terminó de orarle, mi mamá dijo: "Agua". Yo vi a mi mamá renacer, literalmente, la vi renacer. Mi tía Mélida y yo nos abrazamos y dijimos: "¡se sanó, se sanó!". Yo le puse una gasa humedecida con agua en la boca y ella la chupó como un bebé. Ella se quería parar, y yo: "Mami, tranquila, no gaste energía", y aunque después no habló más nada, yo exclamé: "Dios si es grande, Dios hizo la obra, ya mi mamá se va a parar, mi mamá está bien".

A todo el que venía yo le daba esa buena noticia. Ese día oraron mucho, vinieron las hermanas de la iglesia, hicimos un culto; pero a medida que pasaba el día, mi mamá seguía igual postrada en la cama.

Su primera nieta cumplía años ese día, y mami le celebraba su cumpleaños cada año. Yo sé que en su subconsciente ella quería agradarla, entonces le pedí a una amiga de mami que le llevara una muñeca, la puse en una mesita y le dije: "Mami, mira, esta es la muñeca que tú le vas a regalar a Jailee". Yo noté la alegría en sus ojos, yo sé que ella estaba feliz.

En la tarde empezó a respirar con dificultad y con secreción. Yo salí corriendo a buscar a la enfermera, le expliqué lo que le estaba pasando a mami y solo me preguntó si me habían entregado unos libros, refiriéndose a unos libros donde te explican todo el proceso de lo que el paciente va a vivir desde ese momento hasta su muerte, yo le dije: "Sí, me dieron dos libros, pero yo nunca los leí. Yo no sé ni dónde tengo esos libros, yo no le voy a dar poder a eso, porque la última palabra la tiene Dios. Mi mamá ahora mismo está luchando para salvarse, yo sé que sí, porque ella es una mujer fuerte".

Y cada vez su respiración era más corta. Yo salí de la habitación, ya no podía estar ahí, no podía, yo no quería aceptar que eso estaba pasando. Me paré en la puerta y miraba la cara de las personas que estaban adentro, y por sus expresiones yo sabía que mi mamá estaba peor y peor, pero yo no quería mirarla.

Como a las 7 de la noche no aguanto más y vuelvo a buscar a la enfermera, le midió los signos vitales con un aparato, y me dijo: "Ella está aquí con nosotros todavía, pero ve preparándote, que se está acercando. Búscame cuando me necesites".

¡Ay, Dios mío, Dios mío, Dios mío!, yo no sabía qué hacer, yo caminaba de un lado a otro, sin saber qué más hacer. Mami respiraba menos y menos. En una la escucho como ahogándose y llamé rápido a las enfermeras: ¡vengan, vengan!", y le pedí que le pusieran oxígeno, porque si ella estaba luchando por su vida debía tener oxígeno para poder hacerlo. Y cuando se lo pusieron mi mamá se retorció, hizo un gesto de incomodidad, como quien dice "Yo te dije a ti que me dejaras ir cuando me llegara mi hora". Ese gesto que ella hizo quizás nadie lo interpretó así, pero yo sabía lo que mi mamá quería. Me abrió los ojos, así como: "Yo te lo dije, déjame ir", y ahí yo le dije… y mi mamá murió.

Murió en el piso 11 del hospital Lebanon, a las 8:39 de la noche, del domingo 29 de enero de 2012. Nunca en mi vida había presenciado una muerte, y mucho menos pensé ver a mi mamá. Vi a mi mamá hasta su último soplo de respiración, vi a mi mamá morir en la cama de un hospital.

Mi tía le cerró los ojos. Inmediatamente ella murió yo me caí al suelo y por un momento no supe qué pasó, no recuerdo, solo oía a las personas llorando. Después me paré y abracé a mis hermanos. Tuvimos que salir de la habitación para que la preparan. Vinieron las enfermeras, la prepararon y la dejaron en la cama, solo le dejaron la parte de la cara afuera.

Cuando volví a entrar a la habitación el rostro de mi madre había cambiado totalmente. Se veía en paz, con una sonrisa, como si estuviera feliz y conforme con la voluntad de Dios. Así lo interpreté yo.

La dejaron en la habitación hasta las dos de la mañana y luego la llevaron a un cuarto frío. Me dijeron: "Mañana tienes que buscar la funeraria". Tenía cinco días para hacerlo, porque si no la iban a enterrar en una fosa común. Y yo no tenía ni un peso encima, como decimos los dominicanos, yo no tenía dinero.

Una allegada de la familia en República Dominicana me había llamado temprano ese domingo para decirme que me iba a mandar tres mil dólares, que ojalá no los tuviera que usar para nada malo, más bien como un regalo para que me ayudara en lo que necesitara. Ese dinero lo recibí a las tres de la mañana, justo cuando llegué a mi casa. Yo alcé la mirada en agradecimiento: "Dios mío, mira como este dinero está llegando a mis manos en este momento, que lo necesito para mañana. No lo tuve que pedir, no lo tuve que buscar prestado, sino que llegó a mis manos como un regalo".

Casi no dormí, tuve que ir temprano a la funeraria para escoger un ataúd. Era como una pesadilla que yo estaba viviendo. No podía creer que yo estaba escogiendo un ataúd para mi mamá, yo ni entré bien y dije "ese" y salí.

Yo no sé de dónde saqué fuerzas, no sé si fue Dios o si fue ella que me la dio.

Mi tía se encargó del velatorio de República Dominicana. Mis hermanos y yo nos fuimos para allá, sus esposas e hijos no pudieron ir porque no teníamos dinero para comprar tantos pasajes.

Yo estaba agotada, todavía anonadada, como en el aire. Me quedé como cuando tú cuidas un niño todos los días y de momento ya no lo cuidas, tú dices: "¿Ahora qué voy a hacer?". Muchas personas nos dieron tarjetas de condolencias y sobres con dinero en la funeraria, me imagino que la gente sabe que hay muchos gastos y usualmente las personas no están preparadas para esto; yo misma no estaba preparada para la muerte de mami, ni mucho menos. Yo lo dividí entre nosotros tres, como ellos tenían prácticamente dos semanas sin trabajar, por lo menos iban a llegar a sus casas con algo.

Ellos regresaron a sus hogares y yo vine para Nueva York. Yo creo que para mí fue peor, porque yo volví al apartamento donde yo vivía con mi mamá. Cuando ella murió, me quedé como en el aire. Le pedí mucho perdón a Dios porque no lo asimilaba. Su muerte me hizo fuerte y me ha motivado a dar siempre lo mejor de mí para honrarla. Fue un proceso que me transformó, me hizo la mujer que soy hoy, muchos de mis miedos se fueron, porque sé que la vida es corta, que llegamos y nos vamos.

Mi mamá se preparó tanto, esto yo lo supe después, que en diciembre de 2011 ella llamó a su hermano a Santo Domingo y le pidió que le hiciera su nicho sobre el de su papá.

Algo que no olvidaré, en una ocasión me dijo: "Hasta para morir hay que tener valor".

Nunca voy a comparar la pérdida de mi mamá con las bendiciones que he recibido, pero Dios me ha compensado. Ha puesto personas buenas en mi camino, un negocio, le dio sentido a mi vida, me ha dado fuerzas y otro enfoque para ver la vida.

> *Cuando un ser amado se convierte en recuerdo, tu memoria se convierte en el mas preciado tesoro.*
>
> **Te extraño mami**

MI INICIO
EN EL ARTE
CULINARIO

Luego que sepultamos a mi mamá en San Cristóbal, volví para New York. No dormía, sudaba de noche, estaba intranquila, como asustada. Yo pienso que estaba pasando por mi duelo. Siempre me llamaban del hospital para preguntar si yo quería tomar terapias, si quería hablar con alguien, pero yo decía que no. Hasta que una persona me sugirió inscribirme en una escuela de artes culinarias.

Así lo hice. Me inscribí en una escuela en Manhattan. Lo hice más para estar con personas, para socializar, para romper un poco con lo que estaba pasando y tener la mente ocupada, nunca lo hice con la finalidad de ser Chef o de tener mi propio restaurante. Sí quería trabajar en esa área, en restaurantes, en cocina, eso sí lo tenía claro.

Cuando estaba en la escuela culinaria me sentía feliz, todos los días iba entusiasmada en el tren. Aprendí de los demás estudiantes, tuve muy buena relación con los chefs, de los que aprendí bastante. Fue una experiencia única.

Mi vida empezó a dar un giro increíble, empecé a convertirme en una verdadera mujer, en una mujer con propósitos, con proyectos y responsabilidades, ya que mi mamá no estaba en este mundo para añoñarnos, para protegernos, porque no importaba que tan grande estuviéramos, mami siempre estaba ahí.

Uno de los chefs me recomendó hacer mi pasantía en un restaurante en Soho. Ahí obtuve más conocimiento de lo que realmente era la cocina. El chef siempre nos aconsejaba hacer trabajos voluntarios. Él decía, especialmente a las mujeres, que era una profesión muy linda, pero que implicaba mucho trabajo y sacrificio, más para nosotras que nos gusta el maquillaje y tener las uñas y el pelo arreglado, y en la cocina todo eso se pierde, debes tener el pelo recogido y las uñas cortas. En la teoría y la práctica hay mucha diferencia, en el sentido de que estás estudiando y leyendo; pero lo práctico es lo duro, cuando pones tu cuerpo a trabajar mental y físicamente hasta 16 horas, para hacer una receta nueva, para servir a los clientes, para cumplir una meta.

También hablé con una persona para que me diera la oportunidad de hacer el trabajo voluntario en un restaurante ubicado en el alto Manhattan. Yo tenía 33 años en ese momento, cuando el chef me vio, me dijo: "¿Qué tú cocinas?" y yo: "Sí, chef. ¿Cuándo puedo venir?", él me dijo: "Ven el martes a las 3", esas fueron sus palabras. Ese martes fui con mi uniforme y mi set de cuchillos, y le dije: "Aquí estoy". Él se sorprendió un poco, quizás pensó que yo no iba a ir. Yo trabajaba limpiando los pollos, y yo le decía: "Mándeme para la cocina, deme la oportunidad". Recuerdo que era una cocina pequeñita. También fui voluntaria en otro restaurante en *'downtown'*. Cuando digo voluntaria, es que no obtuve ninguna compensación por el trabajo, lo hacía *'por amor al arte'*, como dicen, para yo darme cuenta si me gustaba o no.

> *Todo aprendizaje tiene una base emocional.*
>
> **Platon**

Rolo's Girls II

Mientras hacía la pasantía, me llegó la oportunidad de comprar un salón. Lo compré sin gustarme esa profesión, ni ser peluquera. Sí me encanta la belleza, me encanta todo lo que tiene que ver con cambios y estilismo, pero no para desarrollarme en eso. Y aunque lo más correcto era buscar un negocio de comida y hacer lo que realmente me gustaba y me apasionaba, lo hice por honrar a mami. Dicen que las personas no tienen poder después que se mueren, pero yo creo que mami sí tuvo.

Lloré de emoción al momento de cortar las cintas en el 'Opening' del salón. Recibí mucho apoyo de familiares y amigos, fue como un logro para mí. Aunque me sentía como un instrumento, era como si algo me estuviera moviendo, como si yo fuera la pieza clave de lo que venía, era como: "Yala, te voy a poner aquí. No eres peluquera, pero tú vas a tener este salón, lo vas a dirigir, lo vas a sacar adelante, lo vas a pagar, no vas a tener ningún inconveniente con tus cuentas, nunca vas a tener problemas". Como si no tuviera una mente propia, así es como lo interpreto.

Cuando compré el salón, pagué un mes por adelantado. Al cumplir los dos meses, que ya me tocaba pagar la renta, el salón estaba repleto de empleados, tanto de sillas alquiladas, como de peluqueras que trabajaban para mí. Era un salón bien grande, con peluqueras, manicuristas, barbero, 'Spa', esteticista.

Pero llegó un momento en que quería un negocio de cocina más que de belleza, porque yo dependía de las empleadas y generaba poco dinero cuando alguna faltaba. Aunque yo me beneficiaba de sus clientes también, les vendía diferentes tipos de productos en el salón y con su clientela pude hacer 'El Patio de Yala'. No me enfocaba en las peluqueras que faltaban, sino en las clientas que acudían a través de las demás peluqueras.

Uno no puede nadar contra la corriente. Yo digo que Dios preparó mi terreno. Dios me puso en el salón porque en eso fue que yo crecí, en eso era que yo tenía un poco de conocimiento y a través del conocimiento de ese salón, me iba a abrir las puertas de mi restaurante. Porque a través del salón yo empecé poquito a poquito a llevar comida, a darme a conocer, empecé a cocinar para clientes, amigos, familiares. Al momento de yo abrir mi restaurante, ya la gente sabía quién era Yala, ya la gente sabía cómo yo cocinaba y había probado mi comida, o sea, ya yo tenía el apoyo.

> *Confia que todo lo que ocurre en tu vida tiene un proposito de ser: A veces olvidamos la perfeccion del universo. Manten la calma y confia.*
>
> **Priscila Castro Jara**

YALIN

Con una de las recetas preparadas para mi canal de
Youtube 'Cocinando con Chef Yala'.

Con 17 años, en la inauguración de mi tienda
Teenage Shop. 1997

Uno de mis dreamboards o mapa de sueños.

Sesión de fotos para la promoción de mi salsa chimichurri artesanal.

Dos versiones de cómo me visualizo.

REOPENING

La muñequita que me representa en La Cocina de Yala

Momento para brindar. Inaugurando la ampliación del restaurante (la esquina).

Poniendo en manos de Dios este proyecto y
agradeciendo su bondad.

Mi familia. Arriba, mi tía Mélida y su esposo. Mi primo Herny y su esposa. Abajo, mi hermano Junior.

Niñez y adolescencia

Recuerdos de mi adolescencia.

Con mis primos, de visita desde República Dominicana.

En la celebración de mis 15 años, con mi hermano, mi abuela, mis tías y parte de mis primos.

Yo amo esta foto! De izquierda a derecha. Detrás,
mi tía Pastora, mi papá y mi prima Milagros.
Delante, mi abuela Carmelín (mamá), yo, mis
primos Paola (en mis brazos), Ricardo, Carolina, mi
hermano Junior y mi tío Julio (Tom).

Mis primos y mi hermano Junior, en su cumpleaños.

Debajo a la izquierda, día de mi bautizo.
Debajo a la derecha, foto de recuerdo escolar.

Recuerdos de la secundaria.

MAMI Y FAMILIA

Reunión de fin de año con mi familia paterna.

Mi hermano Junior y mis sobrinas Jailee y Jase.

Mi hermano Steven, su esposa y mis sobrinos
Gabriel, Niyely y Julissa.

Visita a mi familia por parte de mi madre.
Momentos de calidad con mis tías, primos y
sobrinos.

Mis hermanos Junior y Steven.

En una de mis visitas a República Dominicana, con
mi padre, mi hermano menor y mis primas.

Mi padre y mi hermano Mario.

Mi madre y mi hermano Steven.

Mi madre de visita cuando vivía en FL.

Mami cocinando un locrio que tanto le gustaba.

Con mami, celebrando su cumpleaños. San
Cristóbal.

Mis hermanos y yo, aprovenchando los últimos
momentos con mami.

Momentos inolvidables con mi madre. Siempre nos resaltaban el parecido que teníamos.

Con mis padres. De las pocas fotografías que tengo
con ellos.

Mis sobrinas de visita en La Cocina de Yala, cuando inicié en el car wash.

Visitando a mi padre en San Cristóbal. Detrás,
fotos de mi madre y yo.

LA COCINA DE YALA

Bienvenidos a mi cocina.

Lista para recibirlos. Al fondo, pinturas de Yesenia
Martínez.

La Cocina de Yala, un sueño hecho realidad.

Pintura con mi caricatura, regalo especial de mi prima Katherine.

Feliz y agradecida de poder recibir a mis clientes en este espacio.

Con el rey de la cocina.

ESCUELA CULINARIA

'Todo en la vida se puede, siempre y cuando confíes en ti y tengas fe de que lo puedes hacer'. Foto y frase tomada de mi instagram, año 2013.

Educando mi mente y ocupando mis pensamientos.

Concentrada. Emplatado y presentación de mi
plato del día en la escuela culinaria.

EL PATIO DE YALA

Mi esquinita en El Patio de Yala, donde inició todo.

Arriba. El Patio de Yala en proceso.

Debajo. Ya terminado, posando orgullosa.

Churrasco, el favorito de la casa desde El Patio de Yala

Picadera May Tierra.

Presentación de mis platos desde El Patio de Yala.

CARMELIN

Mi abuela Carmelin en la cocina, donde pasaba la
mayor parte de su tiempo.

Celebrando el cumpleaños de Mamá. Muchos años de sabiduría, experiencia y entrega incondicional a su familia.

Celebrando su último cumpleaños.

EL PATIO
DE YALA

*Y*o tenía una cuenta de Instagram personal donde publicaba fotos de cuando estuve en la escuela de artes culinarias, y la gente me daba seguimiento por ahí. Cuando no había muchos clientes, yo decía: "Voy a mi casa, voy a preparar algo para nosotras", y si había algún cliente de confianza, también comía. A todas les gustaba mucho mi comida y me decían: "Tú deberías vender comida". Mis clientas número uno fueron las peluqueras, que hoy son mis amigas, fueron mi mayor apoyo. Les decían a sus clientes: "Ella vende comida. Cómprale, que esa comida es buena".

Hasta que, al año siguiente de comprar el salón, me decido a hacerlo, pero era algo limitado, algo pequeño.

Fui a SEARS y compré una freidora eléctrica pequeña y un grill eléctrico pequeño, y le dije a las muchachas: "Voy a hacer un menú, voy a preparar diferentes platos, les tomamos fotos y luego ustedes se los comen". A partir de ahí, ponía el menú en la recepción y cuando alguien me pedía algo de comer, me iba para la cocinita a prepararlo.

Además de cocinar, yo recibía a los clientes, atendía el teléfono, cobraba, lavaba pelo, hacía rolos, vendía pelo, extensiones, fajas, accesorios, lo cual era un ingreso extra para mí.

Desde la escuela culinaria tuve mi carné del *'health department'*. Aprendí a preparar, almacenar y cocinar los alimentos para proteger al consumidor de enfermedades por ingesta. O sea, yo siempre tuve eso claro, la higiene ante todo. Fue un éxito, yo estaba súper feliz, yo decía: "Ahora sí, combiné mi pasión con mi negocio", yo estaba que me reía sola. Yo sentía un gozo por dentro cada vez que yo hacía pechuga, chuleta frita, papitas y cosas así en mi freidora y mi grill tan pequeños. Aunque sí pasó un problemita, el olor de la freidora se entraba para el salón y olía mucho a comida. Entonces no pega, las clientas salían con el pelo limpio y arreglado, pero con un olor a comida.

En el salón había una puerta que conducía para un patio abandonado, que nadie lo usaba, estaba feo, lleno de tierra y de grama. Y dije: "Bueno, voy a comprar un grill de verdad y lo voy a poner afuera".

Mi *'Staff'* me apoyaba mucho cuando sus clientes ordenaban comida. Les agradezco a todas esas personas que fueron parte de mi crecimiento en el salón. Fueron parte clave del éxito de 'Chef Yala', porque me ayudaron en esto y me promocionaban con sus clientes, me apoyaron y creyeron en mí, creyeron en un proyecto que salió de la nada. Gracias por su apoyo y porque aún lo siguen haciendo. Tengo que mencionar esto en mi libro, porque siempre estuvieron ahí motivándome "¿Y tú no vas a cocinar?", "¿Qué tú vas a hacer este fin de semana?", "Qué rico te quedó". Me dieron ese *'boost'* para yo seguir adelante todos los días, me hacían sentir segura, que lo estaba haciendo bien. ¡Gracias, mujeres, gracias!

Yo compraba en Jetro, como si fuera un restaurante normal, porque me quedaba cerca del negocio. Compraba las cosas por caja y hacía la compra de la semana. Ahí conocí una persona que fue parte clave para mí, me recomendaba qué comprar, me decía: "Llévate esta pieza, esta es buena para la parrilla, este corte es bueno", y me fue induciendo. Empecé a comprar *T-Bone*, churrasco, que fue mi *'best seller'*, hoy es el favorito de mi cocina, mi especialidad. Le agradezco a él por los conocimientos que obtuve a través de su orientación en cuanto a los cortes.

Aunque en la escuela recibí esos conocimientos, pero de la teoría a la práctica es muy diferente. Los conocimientos teóricos los absorbemos mentalmente, pero en la práctica, o sea, preparar, cocinar, vender un producto en las temperaturas y términos precisos para complacer un cliente, ya es algo que dices: "Wao, lo estoy haciendo en la vida real".

Cuando empecé a vender churrasco, yo utilizaba contenedores de aluminio y cubiertos de plástico, pero tenía que cambiarlos porque ¿cómo lo iban a cortar? tenía que ser con cubiertos de verdad. Otra cosa, los contenedores se iban a romper cuando cortaran la carne. Las personas comían dentro del salón y si estaban secándose el pelo, tenían que ponerlo en sus piernas. Era muy incómodo.

De noche casi no duermo, en las noches es que me surgen las ideas, qué debo mejorar, qué debo cambiar, me gusta visualizar cosas, crear recetas, planificarme, etc.

Y pensé: "Ok, si se lo van a poner en las piernas, tiene que ser algo que no traspase, que no se vayan a cortar". Pues ese sábado, fui a una tienda de '99' y compré 6 tablas, 6 tenedores y 6 cuchillos. Ese día llegue al salón diciendo: "¡Hoy tengo churrasco!" y todos se reían de mi algarabía, porque cuando yo creo en lo mío, yo le pongo esa chispa, le pongo entusiasmo, o sea, te hablo de algo que tú me vas a decir: "Sí, yo lo quiero Yala". Desde ese entonces yo usaba la orquídea comestible que aun uso en 'La Cocina de Yala'. Yo cocinaba como si fuera para mí, o sea, con una presentación bonita, porque soy muy 'picky'. Y eso te lo enseñan en la escuela culinaria, son tres pasos para tú crear un plato: Lo primero es lo visual, lo segundo es el olfato y lo último es el paladar. Esas tres combinaciones no pueden faltar y lo primero que vende, es lo visual.

Ese sábado estaba ansiosa de que alguien me pidiera churrasco, hasta que una muchacha dice: "Tráeme uno Yala", y me fui rápido para el grill. Tiré el churrasco en la parrilla, que ya lo tenía previamente sazonado, la freidora caliente, la ensalada y todos los ingredientes listos.

Los jueves yo preparaba la comida del fin de semana, sazonaba todo, lo dividía en porciones y almacenaba. Eso lo aprendí en los trabajos voluntarios y en mis pasantías, a tener todo listo para cuando un cliente ordene.

Puse el churrasco en la madera, las papas, la ensalada, la flor. ¡Ay! cuando yo llevé eso, ¡Ay Dios mío!, todos se quedaron mirando. Ella se tiró un 'selfie', imagínense esta muchacha en un salón, en rolos, dentro de una secadora, con su churrasco en las piernas. Cuando esa muchacha puso eso en las redes sociales, más personas querían venir al salón. No era un restaurante, esto yo lo hacía para mis empleados, amistades y clientes, era algo único y privado, y la gente tenía curiosidad. Estoy hablando de 2015.

Yo cree una cuenta de Instagram para 'El Patio de Yala', pero no tenía dirección ni nada, era solo para postear lo que hacía en el patio, porque me hacía sentir bien, lo hacía más por mí, no para enseñarle a nadie.

Ahí empezó el 'boom' de 'El Patio de Yala'. En el patio no había nada, era para sentarnos cuando terminábamos de trabajar. Luego lo limpié, compré dos alfombras de grama artificial, unas cuantas sillas, y nos sentábamos ahí a tomarnos unos traguitos, un vinito, una champañita, mientras yo cocinaba. Nos hacíamos 'selfies' y las subíamos a nuestras redes. Ahí no iban desconocidos.

Lo hacía más los jueves, viernes y sábados, cuando había más volumen de clientes. Así trabajé como por 2 años. Los clientes deseaban que llegara el verano para que yo cocinara, hasta que se fue formalizando un poco más. En uno de esos veranos, al tercer año, una amiga me dice que quiere decorar el patio, que sueña con plasmar una idea en 'pallets' y que si yo le daba la oportunidad de hacerlo.

Ella me ha apoyado siempre, me ha ayudado en la decoración de todos mis negocios, las tiendas que tuve en San

Cristóbal, el salón, el *'Opening' del salón*. Somos como familia, ha sido parte de mi trayectoria.

Recuerdo que para esa fecha me iba de viaje, y ella dijo: "Perfecto, porque tú eres muy intensa y no te quiero tener aquí rondándome. Déjame hacer lo que tengo que hacer y cuando vuelvas verás todo". Efectivamente, en 5 días ella armó todo, el piso, los muebles, las mesas, todo de *'pallets'*. Usó 161 en total. Ahí 'El Patio de Yala' pasó a ser algo más formal. Terminamos de decorar, fuimos a *HomeGoods* y *T.J.Maxx* a comprar algunos detalles y quedó hermoso. Lo subí en las redes, pero como algo personal, todavía no lo veíamos como negocio, sino como un espacio bonito para compartir y pasar el verano entre amigos y clientes.

Tuve que agregar más cosas al menú. Hacía moro de guandules, de habichuelas, ¡plátanos!, y lo digo así con tanto entusiasmo, porque para mí era un reto comprar una caja de plátanos, yo decía: "Esa caja a mí se me va a quedar". Quizás ustedes dirán: "Oye eso Yala, una caja de plátanos", pero yo estaba experimentando, para mí era mucho vender una caja de plátanos, algo sorprendente. Yo hacía mofongo, tostones, y los ponía en el palito como todavía hago en 'La Cocina de Yala', o sea, mis presentaciones se han mantenido. A veces digo: "Dios mío, ¿Cómo fue que tú me diste todas estas ideas?" Porque en la escuela no me enseñaron a hacer los platos que yo hago hoy día. Dios me trabajó internamente, mental y físicamente, para lo que venía.

Yo tenía una persona que me ayudaba, pero yo hacía todo prácticamente. Trabajaba jueves, viernes y sábados desde las nueve de la mañana, a veces hasta las dos y tres de la madrugada, porque los clientes no se querían ir. Trabajaba afuera y adentro tenía una cocinita que yo misma hice, era un espacio pequeñito, creado por una mente gigante y creativa, que quizás cualquier otra persona que fuera a cocinar, no iba a encontrar la forma de hacerlo, porque en realidad era incómodo, pero como esa era mi pasión, yo lo hacía feliz. Era un ambiente agradable, todo estaba bien lindo y limpio.

Me gustaba usar platos blancos y grandes, aparte de las maderas. Yo decía: "El que va a dejar de comer por ahí para venir a comer al 'Patio de Yala', es porque aquí va a encontrar algo diferente". O sea, yo me aseguraba de que las personas sintieran que valía la pena. Todo era muy transparente, porque los clientes me veían cocinar, mi grill estaba frente a todos.

Yo viví esos momentos, vivía cada preparación de esos platos y no me cambiaba por nadie en el mundo, eso era lo mejor para mí, pararme en el patio frente al grill, a trabajar mis platos. Mi grill tenía una hornilla, donde preparaba el arroz. Yo usaba hasta 4 tanques de gas los fines de semana, cuando al principio uno me duraba los tres días. Ya los clientes no querían estar dentro del salón, querían que pusiera un lava cabezas y una secadora en el patio, y que le hicieran 'manicure' y 'pedicure' afuera.

Alguno de ustedes, que sienta pasión por la cocina,

pensará "Ay Yala, ¿cómo yo lo voy a hacer aquí?" Sí se hace, si tú tienes pasión, visión y creatividad, tú lo vas a lograr, porque la imaginación no tiene límites. Yo lo hacía feliz de la vida, y era incómodo, pero me encantaba, por eso se me hacía fácil.

Cocinando en el patio fue que descubrí lo que realmente quería hacer, tener un negocio de comida. No pensé en un restaurante, sino en un negocio de comida. Ya no quería el salón, mi visión era otra, pero a la vez me daba mucho miedo porque aquí en New York hay un sinnúmero de restaurantes y muchísimas opciones para comer, y yo no quería ser una más del montón.

Yo oraba: "Dios mío, yo quiero vender este salón, siempre y cuando sea tu voluntad. Tú me diste este negocio, tú sabrás cuando me lo quitas. Si tú crees que es el tiempo, búscame un comprador". Y así fue, se interesaron varios compradores. Esa fue mi respuesta a lo que le había pedido a Dios. Vendí el salón y me surgieron varias ideas de cosas que quería hacer, como 'meal prep service' con 'delivery'.

Tenía un poco de miedo, porque ya yo tenía un estilo de vida, yo vivía del salón y ahora iba a comenzar un negocio nuevo. Claro, siempre confié en mí, nunca tuve la duda. Desde 'El Patio de Yala' yo decía: "Algún día verán un letrero de 'La Cocina de Yala', yo sé que lo voy a hacer, aunque sea en una esquina vendiendo pastelitos. Eso sí, van a ser los mejores. Yo voy a tener fila de gente buscando esos pastelitos". Lo decía relajando y riéndome, pero siempre lo manifesté, nunca tuve vergüenza.

Tu nivel de esfuerzo determinara tu exito.

MI PRIMER NEGOCIO DE COMIDA

Al principio no quería un restaurante, porque era muy costoso y además había que cumplir con muchas normas que requiere el Estado, y yo lo único que sabía era cocinar, no tenía ninguna experiencia de administración de restaurante en ese entonces.

Un día fui a casa de mi primo a cocinarles a su esposa y a mi prima, que las dos estaban embarazadas. Cuando llegué no había parqueo y mi primo me dijo que cogiera el suyo, que él buscaba otro. Cuando vuelve, me dice: "Yo vi que están alquilando una cocina en un 'Car Wash' cerca de aquí, y la cocina está equipada". Cuando mi primo vino con esa noticia me puse feliz.

Al otro día fui a verlo. Era un espacio dentro del 'Car Wash', con una cocina semi-equipada. Era abierta, todo el que entraba te podía ver cocinando. Lo estaban alquilando en $4,000 mensuales y querían 3 depósitos, o sea $12,000. Era mucho, $4,000 son $4,000, pero no me dio miedo. Saqué mi teléfono y lo calculé, lo dividí a 30 días, eran $133 dólares diarios. Dije: "Eso lo hago yo hasta en jugos y sodas". Nunca pensé negativo, nunca pensé que no lo podía hacer. Le dije al señor: "Ok, me interesa. Yo vuelvo mañana a traerle los $12,000 de depósito".

Estaba feliz, había conseguido un área para trabajar donde no tenía que invertir mucho dinero, solo tenía que comprar algunas cosas que hacían falta y contratar personal.

De una vez le puse el letrero de 'La Cocina de Yala' y armé un equipo de trabajo de 8 mujeres. Hacíamos desayuno, comida y cena. Desde las 8 de la mañana hasta las 10 de la noche. Tenía dos turnos, de 7am a 3pm y de 2pm a 10pm.

Recuerdo que el día que pusieron el letrero lloré de emoción, me dio mucho sentimiento.

Se cambió el concepto un poquito, porque ese era un sitio más exprés, era un 'steamer' donde podías ver el menú del día y elegir: "Ponme de esto, ponme de esto", tipo 'buffet'. Era comida para llevar, no era para sentarse a comer ahí, pero la gente comenzó a ir y a sentarse. Y yo no tenía menú, lo que tenía era 'flyers' con la lista de comida a la carta, que usaba para repartirlos en la zona. Cuando la gente llegaba y se sentaba, yo les decía a las muchachas: "Llévale un 'flyer', no hay de otra, vamos a atenderlos".

Y fue un éxito, porque ya yo tenía la cuenta de Instagram de 'El Patio de Yala', que aunque tenía pocos seguidores y no tenía la dirección, porque era algo privado, cuando le puse la dirección del nuevo local empezaron a ir muchísimas personas que me seguían desde mis inicios.

Cuando el dueño del local vio la cantidad de personas que iban, en solo tres semanas, me quiso subir la renta. Hacía comentarios, como: "Oh, comprando más churrascos. Te vas a hacer rica". Le decía a mi equipo de trabajo: "Ustedes tienen que aprender y sacar a Yala de aquí". Y así es difícil trabajar, sintiendo esa maldad. Me sentí muy mal, porque había vendido mi salón y estaba emprendiendo un nuevo negocio.

Sabía que me tenía que mudar, pero no quería estar cambiando de ubicación, esa inestabilidad te hace perder clientes. Además de que soy una persona estable, me gusta sentirme segura, firme, y que mis clientes se sientan igual. Pero, *no hay mal que por bien no venga',* si no es por ese señor ponerme en esa situación, yo no tuviera mi restaurante. Dios sabe cómo hace sus cosas.

Le dije a mi amigo que trabajaba en Jetro: "Tú eres el que me va a ayudar a conseguir un restaurante, déjame saber cualquier cosa. Aquí viene todo el que tiene restaurante, el que está bien, el que está mal, el que quiere vender". Pues, efectivamente, en la noche me envió la información de un restaurante que estaban vendiendo. Yo quería que amaneciera de una vez. A las 7 de la mañana llamé al señor que lo estaba vendiendo y me dijo que ya tenía un posible comprador, pero no me desmotivé. Hablé con él sobre cómo había empezado y le expliqué lo que me estaba pasando porque yo sabía que él me iba a entender. Me dijo: "Por eso es que uno no puede alquilar, porque lo que quieren es que tú le hagas el punto, para después sacarte". Le pregunte si como quiera podía pasar a ver el negocio y me dijo que sí.

Él lo estaba vendiendo porque su padre estaba enfermo de cáncer, lo cual me impactó mucho por lo que había pasado con mi madre, como que hicimos empatía. Y le dije: "Si estás haciendo eso por tu padre, Dios te va a compensar, aunque no sea ahora, Dios te va a compensar".

Me vestí muy linda ese día, me hice un video caminando para allá y lo subí en mi cuenta de Instagram: "Vístete para el *success*". Fui sola, no le dije a nadie.

El local estaba cerca de mi casa, era pequeño, pero bien acogedor, solo tenía 4 mesas. Todo era de madera, lo cual me encantó porque en 'El Patio de Yala' era todo de madera.

Cuando llegué, me dijo que el comprador estaba ahí. Yo le ofrecí $10.000 sobre el precio de venta para que lo quitara del mercado, para que viera mi interés, y me dijo que no, que ya esta persona le había propuesto. Yo no tenía el dinero que él estaba pidiendo por el restaurante y aun así le ofrecí de más. Aunque me dijo que no, le pregunté si podía volver al otro día. Entonces llamé a mi amiga y le dije: "Vamos a ver un restaurante, que tú siempre me das suerte para los negocios. Te voy a pagar el taxi y nos vemos allá". Y así lo hicimos. Ese día subí una foto con ella a mi cuenta de Instagram con una tremenda sonrisa. Cuando llegamos, el que lo iba a comprar estaba ahí otra vez. Pedimos dos batidos y nos pusimos a hablar sobre cómo íbamos a decorar, como si fuera un hecho: "Esa mesa la quitamos. Esto lo ponemos para acá. Esa silla la ponemos así". Porque así trabaja la ley de la atracción, así funciona y yo soy testigo número 1 de eso.

Antes de irme le volví a ofrecer los $10,000, y me dijo

que no. Me mantuve escribiéndole, preguntándole si ya había cerrado el negocio con la persona. En una ocasión me dice: "No, todavía, ahora él me está ofreciendo más". Sé que fue una estrategia, pero no le di importancia. Ese sábado estaba trabajando en la cocina del 'Car Wash', pero tenía mi mente en ese local, me sentía un poco mortificada. Entré al baño, me miré en el espejo fijamente y dije: "Ya, por fe ese negocio va a ser mío. Lo voy a dejar en tus manos, Señor. Por fe, así será, me voy a trabajar tranquila", respiré tres veces y me descargué de todo. El lunes me mandó un mensaje el dueño del restaurante, y me dijo: "Me voy con tu oferta, se cayó la oferta de la otra persona". Era lo mejor que había escuchado. Yo solo me sonreí y dije: "Dios mío, tú eres grande". Ahora el problema era que yo no tenía el dinero completo. En solo dos meses yo había gastado $37.000, entre depósitos y algunas cosas que me hacían falta para empezar en el 'Car Wash'.

Yo hice mi corporación desde que puse 'La Cocina de Yala', busqué un contable para que registrara el nombre y me diera el 'Tax ID'. Hice todo legal, como si fuera un restaurante grande, nunca pensé en pequeño. Eso me ayudó mucho al momento de comprar el negocio, ya yo tenía seguro y todo, o sea, estaba estructurada. Y eso yo lo recomiendo.

El 'landlord' estaba de vacaciones y volvía en 2 semanas. Las cuales fueron clave para reunir el dinero que me hacía falta. Una vez más, Dios no se equivoca, Dios hace las cosas en un tiempo perfecto.

Al paso de las dos semanas, me reuní con el 'landlord' y cerramos el negocio. No tuve que coger el dinero prestado, gracias a Dios. No le había comentado a nadie, solo a mi amiga. Lo tenía bien calladito. No me gusta hablar de mis metas ni mis proyectos hasta que no sean un hecho o algo seguro. A veces uno dice las cosas y luego no se te dan. Hay personas que hasta con la mente destruyen tus planes, tus ilusiones, te cuestionan y hacen comentarios pesimistas. Uno tiene que enfocarse y ponerle toda su energía. Después que lo tengas sí le puedes enseñar al mundo, pero es bueno que en el proceso lo mantengas solo para ti.

Del 'Car Wash' a tener mi propio restaurante fue un proceso de crecimiento, que yo lo describo como cuando la gallina pone el huevo, que el pollito se forma y empieza a romper el cascarón para salir, o sea, va rompiendo capas, fases. Y en el caso mío fue muy doloroso, yo lloraba de impotencia, lloraba porque no sabía, estaba aprendiendo junto con el proceso, trabajando muchísimo, no dormía, para salir adelante y no defraudar a los clientes que yo tenía, a las personas que confiaban en mí, que decían:"Que bueno que pusiste tu negocio, se te dio, lo lograste".

> *Aveces se gana. A veces se pierde*
> *Pero siempre se aprende.*
>
> **John C. Maxwell**

LA COCINA DE YALA

*L*uego que compré fue que le dije a las personas: "Mira, compré este restaurante, aquí es donde vamos a estar". En la esquina de donde yo compré, había otro local, pero las veces que había ido por ahí siempre estaba cerrado, como abandonado. Y yo recuerdo que dije: "En agosto, esa esquina va a ser mía", y me dijeron:"¡Wow¡, si lo dijiste, es porque va a ser así".

Empezamos con cuatro mesas. Siempre estábamos a casa llena, con clientes en lista de espera, más la línea de comida para llevar. Se preparaban dos tipos de menú, el del día y el menú a la carta.

El primer año fue difícil en la parte administrativa. Se trabaja mucho mental y físicamente, y uno se agota. Yo no dormía, siempre pensando en el próximo día, en el menú, en postearlo en las redes sociales, en la compra, y eso lo hacía en la madrugada. En ese entonces 'La Cocina de Yala' abría los 7 días de la semana, hasta que empezó a afectarme la salud, me sentía muy agotada y era por la presión del trabajo, la responsabilidad de quedar bien ante mis clientes.

El domingo es uno de los días más fuertes, se trabaja duro, gracias a Dios. Siempre termino agotada, y por eso empezamos a cerrar los lunes.

Le comenté a alguien que iba a cerrar los lunes y me dijo que eso no se podía, que ningún restaurante cierra los lunes. Y yo le dije, pues el mío sí va a cerrar, porque necesito un *'break'*, sino me voy a enfermar. En ese transcurso fui como 4 veces a Emergencia, porque se me hinchaba la cara, los pies, me salían ronchas y en el hospital nunca me encontraban nada, me decían que era el estrés.

Ese primer año tuve muchos empleados diferentes, lo cual es difícil para un negocio, porque se invierte mucho tiempo entrenándolos, y si ese empleado no funcionaba o se iba, tenía que traer a otra persona y empezar desde cero. Pero, como se lo había pedido a Dios, en este negocio no dependía de mis empleados, mi negocio dependía de mí. O sea, yo me levantaba y trabajaba en lo que encontraba el personal de ayuda; lo cual es más fácil que conseguir un Chef, si ese fuera el caso.

Tuve experiencia de empleados que me marcaron y me desbarataron internamente. Personas en las que yo confiaba, que creía que eran las indicadas para cuando yo tuviera este negocio tenerlas como mi mano derecha. Personas que me iban a ayudar a salir adelante, que yo visualizaba conmigo en mi futuro. Personas que me dieron la espalda en mis momentos más necesitados, cuando no tenía la orientación que me hacía falta. Y me quedé sola. Y tuve que seguir adelante con mi negocio.

Luego empezaron a llegar las personas que aun actualmente trabajan conmigo, y me decían: "No, no, no, venga, que vamos a hacerlo, vamos a lograrlo poquito a poquito.

Como solo tenía cuatro mesas, muchos clientes me decían: "Yala, esto está chiquito". Y un día estoy sentada con unos clientes que había conocido en esta misma área, eran clientes nuevos, pero me daban mucho apoyo, y me dicen: "Yala, esto esta como muy chiquito", y le digo: "Ay, no me diga nada, que yo quiero saber de quién es el local de la esquina, a ver si ellos se van, para yo cogerlo", y me dicen: "Claro que lo puedes coger, porque es de nosotros, y nosotros nos vamos".

Una vez más, todo a mi favor. Cuando llamé al 'landlord' y le comento el interés que tengo, me dice que él tenía más personas interesadas en el local, pero que me iba a dar prioridad porque ya yo era su inquilina. El 'Super' del edificio me llevó las llaves y me dijo: 'el 'landlord' te mandó eso, que empieces a sacar las cosas y a limpiar". Yo no había dado dinero, ni nada, simplemente me llevó las llaves, y yo dije: ¡Wow!, Dios mío, es verdad, uno atrae lo que tiene en la mente". Por eso siempre lo digo: "Si lo tienes en tu mente, lo tienes en tus manos". Fue en agosto que hablamos, y en noviembre ya tenía la esquina completa.

Duró un año en construcción, cerrado y pagando renta. Yo digo que de ese lado está mi alma, porque ese lado lo hice a base de trabajo, parada frente al 'grill'.

Hoy tenemos 14 mesas en 'La Cocina de Yala'.

Ya voy para cuatro años en mi restaurante, a puro sacrificio, apostando al trabajo duro, a la disciplina, a la constancia, a cada día levantarme para estar a tiempo para brindar un servicio a mi comunidad.

Lo que quiero decir con esto es que tenemos que confiar en lo que Dios nos presenta, tenemos que ceder a lo que va fluyendo, no nos podemos poner negativos con las cosas que nos pueden pasar en la vida. Si yo hubiese sido otra persona, no cojo el salón, me pongo renuente, y digo: "No, no, no, yo no quiero salón", sin embargo, yo fui dócil, cogí el salón, y mira con lo que me encontré. Me encontré con lo que realmente a mí me hace feliz, que es mi cocina. No lo vi al principio, pero acepté lo que Dios me había mandado, porque él sabía exactamente lo que me esperaba, él sabía lo que me tenía preparado, él sabía cómo me iba a preparar en este terreno. Él sabía la base que estaba haciendo para mí, para que yo creciera.

Yo quiero, Yo Puedo, Y soy capaz

MI
MOTIVACIÓN

Mis clientes, el amor y la motivación que recibo. Yo tengo un monitor en la cocina donde puedo ver para afuera. Cuando yo veo mi restaurante *'full'*, me sorprendo: *"¡Oh my God, full house!"*, "Dios mío, ¿más gente? ¿Es verdad que están buscando mi comida?" Rebosada de bendición. Dios te quita, pero cuando te devuelve, te multiplica. Me quitó a mi mamá, que era todo en mi vida, pero me ha dado clientes maravillosos, gente que me desea lo mejor, que me da mucho cariño, que me empujan todos los días a yo seguir adelante, gente que en mi vida nunca pensé conocer. El apoyo que he recibido de extraños es algo increíble y todo eso lo hace Dios.

Sí les digo, soy humana, hay días que amanezco desencantada, depresiva, igual que cualquier otra persona. Hay días que he querido salir corriendo del negocio, que siento que ya no puedo más, pero no me rindo, porque mi mamá nunca se rindió, ni nos enseñó a rendirnos. Cuando me pasa eso, digo: "No, no, no. Tengo que borrar esos pensamientos negativos". Me pongo a orar y a escuchar música, me encanta cocinar escuchando salsa. Hay algo espiritual que me motiva, una fuerza, una energía espiritual muy grande, porque yo nunca en mi vida había trabajado como yo trabajo ahora, tan dedicada, disciplinada y planificada, o sea, sé que soy la mujer que mi mamá quería que yo fuera.

Mami murió y nací yo.

> *Nunca digas no puedo;*
> *Levante , suspira , sonríe y sigue adelante.*

LA VOLUNTAD DE DIOS SOBRE MÍ

Este tema es un poco fuerte para mí, es uno de los últimos que estoy narrando, porque tuve que pensarlo mucho antes de decidir si lo quería dejar plasmado en mi libro.

El 10 de junio de 2019 fue una fecha que me marcó. Desde muy joven he batallado con desorden hormonal, con mi ciclo menstrual y ovarios poliquísticos, por los cuales me han tenido que intervenir quirúrgicamente en varias ocasiones.

En uno de mis últimos chequeos de rutina le comenté a mi ginecóloga que me sentía algo duro en el abdomen y que me molestaba.

Trabajando en el restaurante empecé a notar que se me estaba hinchando mucho la pierna derecha y el tobillo, y me dolían los pies, pero pensé que era por estar tanto tiempo parada, porque a veces trabajo hasta doce horas corridas.

Al ver que era algo constante, decidí ir al médico. Luego de varios estudios, el doctor, sorprendido, me dice que nunca había visto algo similar, que tenía más de 25 fibromas en el útero. Le pareció extraño que no se me hincharan las dos piernas, pues los fibromas que tenía eran muy grandes y me estaban comprimiendo las arterias con las paredes del útero.

Me refirió donde un ginecólogo, el cual me dijo que tenía un fibroma del tamaño de un feto de 20 semanas. Debía operarme y solo tenía dos alternativas: una era remover los 25 fibromas uno por uno, con el riesgo de que no los pudieran remover todos o de que me perforaran otro órgano, y también con el riesgo de que me operaran y no pudieran hacer nada. La otra alternativa era realizarme una histerectomía.

Esto me estaba afectando los riñones por el espacio que estaban ocupando dentro de mi útero. Finalmente, con mucho dolor y sentimientos encontrados, tuve que decidir que me practicaran la histerectomía. Removieron prácticamente todos mis órganos reproductores. Esto ha sido muy fuerte para mí, decirlo, escribirlo, es algo que yo he tenido que aceptar, ha sido la voluntad de Dios. No podré tener hijos biológicos, aunque no descarto la posibilidad de adoptar.

Mis muchachos de la cocina siempre me regalan flores para el Día de las Madres. Ellos estuvieron conmigo el día de la operación y vivieron este proceso conmigo. Son como mis hijos, así nos tratamos en la cocina. Son los que han estado conmigo en el restaurante en pie de lucha. Antes de la operación hice una reunión con el equipo, porque no sabía qué hacer con el restaurante, tenía que durar dos meses sin trabajar y no estaba segura si podía contar con ellos. Les dije que el negocio era de todos, que éramos una familia; y ellos asumieron la responsabilidad de quedarse ahí durante esos dos meses. Luego de dos semanas, yo preparaba los sazones del restaurante en la casa, aún convaleciente, y lo mandaba para el negocio para que la comida mantuviera el mismo sabor. Así lo hice antes de la operación también, me planifiqué y dejé todo preparado.

Mi mamá siempre quiso que le diera su primer nieto, y murió con esa ilusión. Incluso en la puerta de la nevera tenía un recorte de una persona embarazada con una foto de mi cara. La primera vez que lo vi, le dije: "Ay, pero esa soy yo mami", me dice: "Sí, porque así es que tú vas a estar pronto". Tuve dos embarazos, pero los perdía a causa de los fibromas. Mami siempre quiso que le diera nietos.

Este proceso lo lloré, a veces me afecta, pero fue la voluntad de Dios y la acepto. Tengo muchos sobrinos, ahijados, me encantan los niños, pero no me tocó ese privilegio. Dios tomó su decisión conmigo, pero me ha regalado una mente sana, positiva y ocupada.

> *"No borres ningun dia de tu vida....*
> *Los dias bellos te han dado felicidad,*
> *Los malos te han dado experiencia,*
> *Y los peores te han enseñado a vivir".*

Para Él

Hay personas que tú entiendes que no las necesitas y llegan a tu vida cuando menos las esperas, pero Dios sí sabe por qué las puso en tu camino. Sin embargo, luego que tienes su apoyo y su confianza, te das cuenta que no lo podías hacer sola.

Son cosas que en el momento entiendes que no tienes la capacidad para hacerlo o tenerlo, y es que simplemente no lo habías visualizado, hasta que llega ese alguien y ve tu capacidad desde afuera. Y te motiva. Y no solo te motiva, sino que te ayuda a lograrlo.

Ese alguien lo conocí en 'El Patio de Yala' y fue una de las personas que me motivó a tener mi restaurante, porque desde el día que me conoció, me dijo: "Tú estás supuesta a tener tu restaurante". Yo lo miré extrañada, incrédula, pero él creyó en mí.

Dejó su trabajo para soñar y crecer conmigo en este proyecto que solo tenía en mi mente y que él me motivó a materializarlo. Su apoyo ha sido incondicional. Recuerdo que me dijo: "Para hacer rica a otra persona, prefiero hacerte rica a ti". No puedo decir que es un empleado de 'La Cocina de Yala', porque sus responsabilidades son incontables. Es mánager, encargado de compras, encargado de caja, mi **'backbone'**, mi **'coach'**, mi consejero. Él es mi soporte cuando siento que no aguanto más. Siempre se ha mantenido de mi lado y ha peleado la batalla conmigo. Dios lo puso estratégicamente en mi camino, porque sin él no hubiera logrado estar donde estoy hoy día. Estaré agradecida por siempre.

¡Gracias Belén!

IMPACTO DE LA PANDEMIA POR EL COVID-19

*T*uve que cerrar el restaurante el 16 de marzo de 2020, por la pandemia del Covid-19. Al principio fue frustrante y tenía mucho miedo porque no sabía lo que iba a pasar, pensé que era cuestión de unas semanas y luego volveríamos a la normalidad. Para disipar la mente y para entretenerme a mí, a mis clientes y seguidores, le dediqué tiempo a mi canal de YouTube y a mi cuenta de Instagram, preparando recetas desde mi casa, haciendo rutinas de ejercicios, tratando de mantenerme motivada y activa con algo.

En esos meses se me ocurrió la idea de comercializar mi salsa Chimichurri y hacer pasteles en hojas. Así me mantuve durante la pandemia, en la casa, pero con la mente ocupada haciendo lo que me gusta.

Un día preparé un almuerzo en agradecimiento a los policías de mi precinto local, y recuerdo que de camino al precinto vi muchas personas desamparadas y sentí la necesidad de ayudarlas. Me dije "Estas personas necesitan de mí. Estas personas no tienen comida, no tienen un techo".

Da tanta pena decir esto, pero es una realidad. Y yo dije "si nadie está saliendo, los restaurantes están cerrados, todas las personas están cocinando en sus casas, no están botando comida en la calle", entonces esta gente de verdad está bien mal.

Pensé: "Cónchale, yo tengo un restaurante cerrado por más de dos meses, tengo muchísima comida, arroz, habichuelas, y hay personas pasando hambre con esta situación". Eso me llenó de energía, y aunque no quería salir de mi casa por temor al coronavirus, eso me hizo perder el miedo.

Entonces, simplemente empecé a cocinar, una comida buena, con la misma calidad de la que preparo en mi restaurante. Salía, y cuando veía personas en la acera, en un parque, en una parada de guagua, que no los veía muy bien físicamente, les preguntaba: "¿Tienes hambre?" Inmediatamente la probaban, me decían: "Wao, que rica está esta comida. Les decía: "Yo misma la hice, puede comérsela con confianza". Era una comida buena, fresca, calientica y preparada con amor.

Así comencé, todos los días me paraba de mi cama y me iba al restaurante a cocinar hasta cien platos. Tenía diferentes destinos, hasta que dos maestras me contactaron vía Instagram, indicando que tenían estudiantes de familias de bajos recursos y que con la pandemia ellas habían estado ayudando a esas familias, de hasta ocho miembros, que estaban pasando por un mal momento. Les pedí que me pasaran los datos de esas familias, para pasar por sus hogares a llevarles una comidita, un cariñito.

Antes de ir, me comunicaba con las familias y me presentaba: "Hola, yo soy Chef Yala, tengo un restaurante aquí en el Bronx y quiero llevarles una comida, ¿de qué tamaño es su familia?". Como yo me comunicaba con ellos desde mi teléfono personal, esas personas después me escribían mensajes como "Wao, mis hijos y yo te queremos dar las gracias, eres un ángel que Dios nos ha mandado".

En ese tiempo yo estaba haciendo pasteles en hojas también. Yo siempre digo que la voluntad de Dios mueve la gente. Yo dejaba de hacer mis pasteles en hojas para cumplir con estas personas. Yo duraba un día completo fuera de mi casa haciendo la obra. ¿Por qué digo que Dios mueve a la gente? Porque le había pedido a Dios: "Dios mío, tú sabes que yo no estoy trabajando, yo también tengo necesidades, tengo tres meses sin abrir el restaurante, permíteme trabajar y generar dinero". Sin embargo, yo paraba todo mi trabajo y me levantaba a hacer esta obra; si en la noche llegaba cansada, continuaba mi trabajo al otro día.

Fui a algunos 'shelters', a las paradas de trenes, me moví por diferentes lugares. Daba pena enfrentarse a esa realidad, todos los días llegaba a mi casa llorando. Hay muchas personas ignorantes, que dicen: "Esas personas que tienen niños van a recibir el 'stimulus check'", pero no todas las personas lo recibieron, ya sea porque son indocumentados o no han reportado 'taxes', quizás tampoco tienen cupones, o sea la realidad era otra. Y lo que más me asombraba era que las personas no me pedían dinero, me pedían comida.

Cuando visitaba las familias, yo decía en mi mente: "Esto no es suficiente para ellos, ahora mismo yo estoy supliendo una necesidad momentánea, pero ¿qué van a comer esos niños en la noche o mañana?". Yo le preguntaba a esas personas que acababa de conocer si podía volver, y me respondían que sí. Yo tenía la certeza de que iba a volver, de que iba a volver con algo más.

Se me ocurrió prepararles una pequeña compra en base a la cantidad de niños que tuvieran, porque imagínense unos niños trancados todo el día en la casa, solo comiendo y comiendo. Un día publiqué un video en mis redes sociales para motivar a mis seguidores a que aportaran a la causa. Al principio no publicaba nada, pero a medida que entregaba comida me daba cuenta de la necesidad que había era muy grande. Además, quería transmitirle eso a las personas, motivarlos a dar o ayudar a quien vieran necesitado. Y tuve muy buena aceptación de mis clientes, varias personas se unieron a la causa. Fue algo muy lindo, todos los días estábamos pendientes unos con otros.

Algunos clientes me llevaban al restaurante arroz, aceite, entre otras cosas, como un aporte para que siguiera cocinando para los necesitados, y todo lo publicaba en las redes para hacerlo bien transparente.

Recibí un gran apoyo de mis clientes y seguidores. Me mandaban mensajes diciendo: "Yala, cuando termine esto voy a ir para allá a darte un abrazo", "Wao, Yala, que linda obra, cuando abras el negocio te vamos a visitar". Fue algo bien lindo, recibí un apoyo y un afecto indescriptible. Y fue obra de Dios, uno es un instrumento de Dios aquí en la tierra. Me gusta ayudar, me siento feliz cuando puedo hacerlo.

Yo me protegía muy bien, tenía una caja de guantes en mi

vehículo y aunque no tocara a las personas, desde que le pasaba la comida me cambiaba los guantes; usaba mascarillas; al llegar a casa me quitaba la ropa en la entrada, me bañaba de una vez, hacía gárgaras, tomaba té, y gracias a Dios siempre me mantuve saludable.

Mientras hacía esta obra, me contactaron desde Univisión 41 a través de una amiga y me pidieron una entrevista vía 'Zoom' para el segmento 'Nomina a tu héroe', donde fui seleccionada como 'heroína de la semana'. Me sorprendió mucho que Univisión me contactara por esto, porque en realidad nunca había estado en televisión. Recuerdo que la entrevistadora, me dijo: "Wao, me vas a hacer llorar muchacha con esta entrevista". Y lo que le había contado no era ni la mitad de lo que había presenciado visitando los hogares y recorriendo las calles de Nueva York con esta pandemia, mis palabras quedaban cortas porque la realidad era otra.

"Porque tuve hambre y me disteis de comer"

Mateo 25:35

MIS PILARES

Soy una persona muy positiva. Creo en Dios, en la ley de la atracción, el universo y la gratitud, eso es algo que me ha ayudado muchísimo para visualizarme, para ver mis proyectos. Yo soy de las que dicen que si lo tienes en la mente, lo tienes en tus manos. Es algo real, que experimento cada día. Desde que tengo 30 años practico la ley de la atracción. Me ayudó mucho el libro "El secreto". Todos los años hago mi 'DreamBoard' de lo que quiero atraer a mi vida y me ha funcionado mucho. Es básicamente recortar y pegar imágenes en una cartulina de lo que quieres en todos los ámbitos de tu vida, lo que quieres del universo. Mi 'DreamBoard' lo veo desde que me despierto, mi visión, mi proyección, para no perder el enfoque y declarando que será así. Lo comparto con ustedes, porque es mi hábito, Dios, la ley de la atracción y la gratitud. Sin esto no hubiera sido posible ser quien soy.

Pareciera fácil, pero no lo ha sido. Detrás de todo esto hay mucho trabajo, sacrificio, cansancio. Yo soy propietaria, soy la chef y tengo toda la responsabilidad sobre mí.

Además, yo aprendí con el negocio, yo crecí junto con mi negocio, lo único que sabía era cocinar y ese fue el equipaje que traje conmigo, yo no tenía ningún tipo de conocimiento. Mi contable fue quien me educó en la parte legal que conllevaba tener un restaurante, pero no tuve un mentor o alguien que me guiara, que me dijera: "No, Yala, es así como tú tienes que hacerlo".

Una de las primeras lecciones de vida fue comprar el salón, ceder a lo que Dios me había puesto. Compré el salón y ese fue el camino que me condujo a ser y a hacer lo que soy y lo que hago hoy día.

Otra lección de vida fue alquilar en el 'Car Wash'. El dueño del 'Car Wash' me presionó tanto que me llevó al punto de querer tener mi propio restaurante. Yo nunca vi lo negativo, sino que me enfoqué en el lado positivo, en seguir creciendo. Al final del día, ese señor me hizo un favor. 'No hay mal que por bien no venga'.

Le comparto esto a todo el que tengo a mi alrededor. Algunas personas han sido incrédulas, que no creen en nada y empiezan a practicar la ley de la atracción, y me dicen: "¡Wow!, te acuerdas que te dije esto, que hablamos esto, y hoy en día lo tengo".

Con el tiempo he educado y entrenado mi mente a querer siempre lo mejor y a proyectarlo en mi vida; a ver realizadas las ideas que me llegan y en ese mismo orden trabajarlas. Yo planifico mi futuro, lo visualizo y trabajo para lograr esos resultados. Idealizo lo que quiero y trabajo sobre eso. He puesto cosas en mis 'DreamBoards' de años anteriores que ahora es que las tengo, porque mi mente, mi subconsciente, sigue trabajando sobre eso.

Teniendo en cuenta que no todo pasa de un día para otro, me puede tomar años, pero ha seguido en mi mente, lo he seguido atrayendo, he continuado trabajando para eso; tienes que tratar de seguir en esa frecuencia para tú llegar a donde quieres llegar. Una cosa trae la otra.

Uno se topa con muchas piedras en el camino, muchos obstáculos, pero cuando sabes cómo va a ser el resultado final, porque ya lo proyectaste en tu mente, esa piedra la ves chiquita, porque estás viendo cómo va a ser el resultado.

Desde que inicia el año yo hago mi *'DreamBoard'*, para plasmar y visualizar lo que yo quiero que pase en esos 12 meses. Primero lo pongo en manos de Dios y luego visualizo mi vida así.

A veces uno se desalienta y quiere tirar la toalla, pero cuando me siento así, escucho música o charlas de motivación. Cuando me llegan esos momentos, me gusta estar sola para meditar, me hablo, me escucho y me motivo yo misma. Tus pensamientos y tus sentimientos tienen que ser coherentes, no puedes tener algo positivo en tu mente y tener sentimientos negativos o de dudas. Lo positivo atrae lo positivo.

Todo debe estar en armonía. Así como está mi mente tiene que estar mi casa y mi negocio. No puedo tener una mente con ideas claras y lo demás un desastre. Cuando cerramos el restaurante limpiamos y recogemos todo, listo para el otro día. Antes de acostarme ordeno todo en la casa, para despertar y ver mi casa en la misma línea que proyecto mi día. Eso se llama frecuencia. Tu frecuencia es tu mente, tu vibra, tus amistades, tu entorno, tu trabajo, tu casa. Cuando tú tienes todo en una misma frecuencia, eso te lleva a lo que tú realmente necesitas o quieres.

Todo depende lo que sea prioridad para ti, lo que te dé satisfacción al final del día. Si algo te hace feliz, trabaja para ello.

Nunca olvidaré esto: Una semana antes de mami morir me pidió que le preparara una comida, se la preparé con mucho amor y con la ilusión de que comiera algo que ella anhelara. Solo probó un bocadito y dijo: "Ay, tan bueno que está y no puedo comer. Tantas dietas que hice y ahora que quiero comer, no puedo".

A veces me piden que salga de la cocina porque algún cliente me quiere conocer, quieren conocer a Chef Yala, siempre les hago una breve historia de cómo empecé. Empecé bien chiquita, empecé desde abajo. Y le digo a la gente: "Sí se puede, si lo tienes en la mente, lo tienes en las manos". Y es normal sentir temor, pero que tu fe y seguridad sea mayor.

A veces tenemos pensamientos negativos, pero hay que tratar de evadirlos, hay que visualizar las cosas que queremos en ese momento, hay que decir que sí están bien las cosas, para atraer esa frecuencia. Eso a mí me ha ayudado para alcanzar mis metas, a no darme por vencida, a no pensar en las cosas negativas de los negocios, porque hay mucho trabajo detrás de esto, mucho sacrificio, en lo personal, físico y mental. Hay muchas cosas negativas, que si uno pudiera verlas antes de elegir esta profesión, quizás uno no se decide por ella. Sin embargo, al acostarme doy gracias a Dios, siempre soy agradecida. Mientras más gracias tú das, más cosas buenas vendrán, para que tú sigas agradeciendo.

Cuando digo que hay mucho sacrificio hasta en la vida personal, hablo de mi propia experiencia. Cuando uno está en el proceso de levantar un negocio, uno tiene que dejar de hacer muchas cosas, porque tienes un negocio que debes echar para adelante con todas tus fuerzas, física, mental, espiritual, con todo.

En este proceso de 'El Patio de Yala' a 'La Cocina de Yala', perdí muchas amistades, casi como familia, hermanas, por el hecho de yo solo estar trabajando, dedicada a mi cocina. Yo no podía salir, no podía compartir. Yo llegué hasta el punto de que cuando me querían hablar ellas venian a la cocina. A veces me acompañaban, pero llegó un tiempo que me quedé sola, literalmente. Por eso digo que fue un tiempo muy doloroso, lloraba mucho, estaba bien sensible, me despreocupé de mí misma, ya físicamente no me importaba cómo me veía, ya no me arreglaba, solo era cocinar, cocinar, cocinar. Esa era mi prioridad.

Y creo que es algo normal, algo natural, porque si yo hubiese estado haciendo más cosas, aparte de mi negocio, quizás mi negocio no hubiera crecido o prosperado en estos casi cuatro años que llevo operando en 'La Cocina de Yala'.

Y a todo el mundo le aconsejo eso. No te puedes sentir mal, tienes que dejar de hacer muchas otras cosas para enfocarte en lo que de verdad es prioridad en tu vida. Por ejemplo, no puedo salir porque tengo que levantarme temprano, porque tengo que ir a cocinar. No puedo tomarme unas copas de vino porque se me altera el paladar, y la comida me puede quedar salada o desabrida. Es una reputación que tú vas creando, la reputación de tu negocio, tienes que mantener siempre la calidad de tu producto. Eso es más importante que cualquier promoción.

Yo invito a cada persona a que escriba su historia, aunque no sea para publicarla, porque después que uno empieza a hacer este proceso, que tú empiezas a hablar, a escribir todo lo que has pasado, todo lo que has rebasado en esta vida, que es prestada, tú dices: "Wao, que afortunada yo soy, mira todo lo que yo he pasado, mira todo lo que he logrado, mira por los caminos que andaba y que ando hoy, mira lo que me ha tocado". Recuerdas anécdotas de tu familia, de tus padres, cuando eras pequeña. Y como a veces uno está tan ocupado en el día a día, uno se olvida de todos esos momentos de calidad con sus seres queridos. Uno aprende a contar sus bendiciones. Muchas veces, cuando nos pasa algo malo cuestionamos a Dios "¿por qué a mí?", pero no hacemos lo mismo cuando nos pasa algo bueno. Y las bendiciones son más, siempre hay algo que agradecer.

Este no es el fin, Dios continúa escribiendo mi historia...

> *"Las mejores enseñanza de la vida suelen venir de los momentos mas duros."*
>
> **Rosh_marie**

Carmen Báez (Yalin),
Nacida en San Cristóbal, una pequeña ciudad al Sur de la República Dominicana, un día 22 de enero de 1980. Hija de padres dominicanos, José Báez y Amada Edward; primogénita y única hembra de cuatro hermanos. Proveniente de una familia humilde, trabajadora y de corazón noble. Curiosa e inquieta desde pequeña, cualidades que la han motivado emprender en los negocios.